A Kalmus Classic Edition

Arcangelo

CORELLI

TWENTY-FOUR PIECES

CONTENTS

Sarabande.

A. Corelli.

BELWIN MILLS PUBLISHING CORP.

PRINTED IN U.S.A.

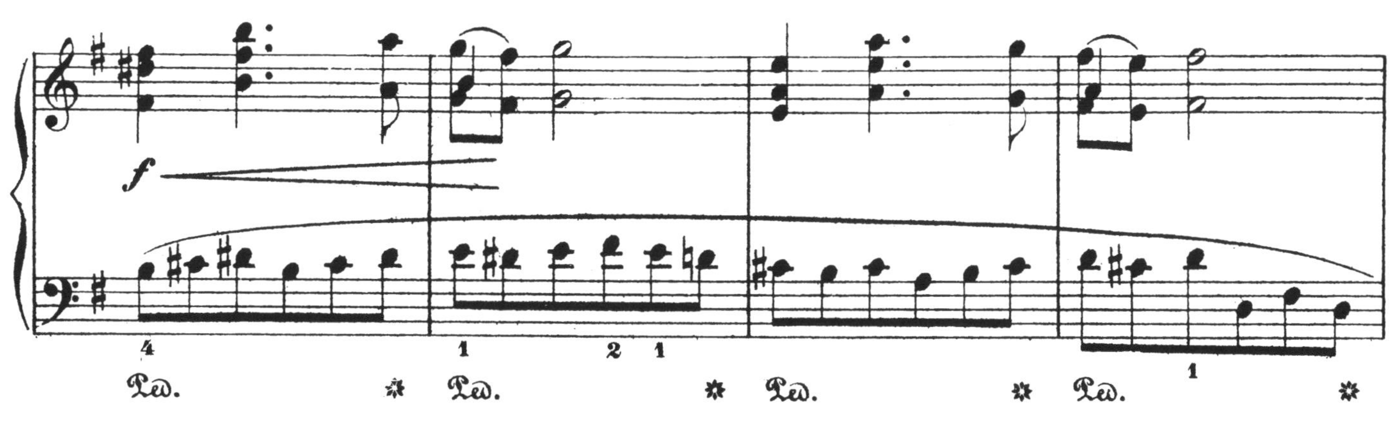

f
Ped. Ped. Ped. Ped. Ped.
4 1 2 1 1

ff
Ped. Ped. Ped. Ped. Ped. Ped.
2 1 3 3 1

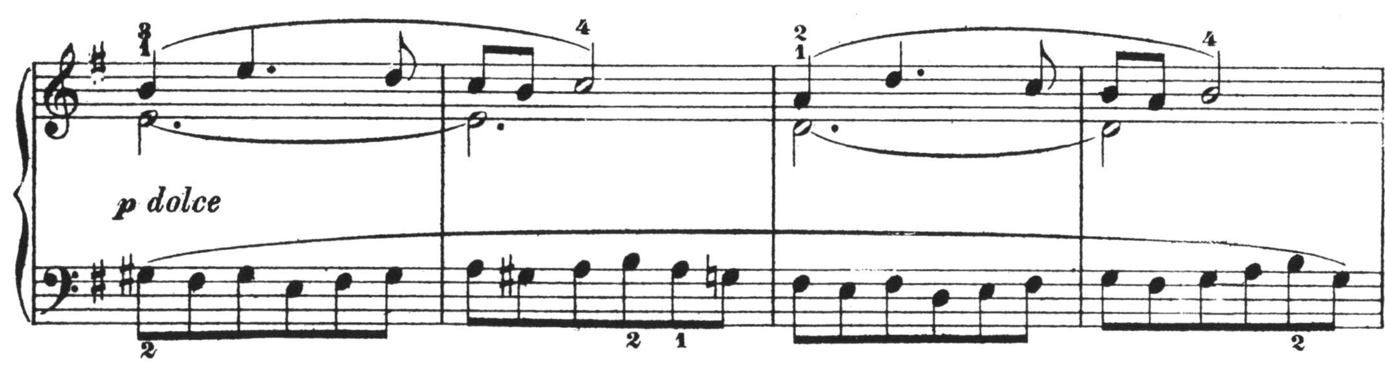

p dolce
2 4 2 1 4
2 2 1 2

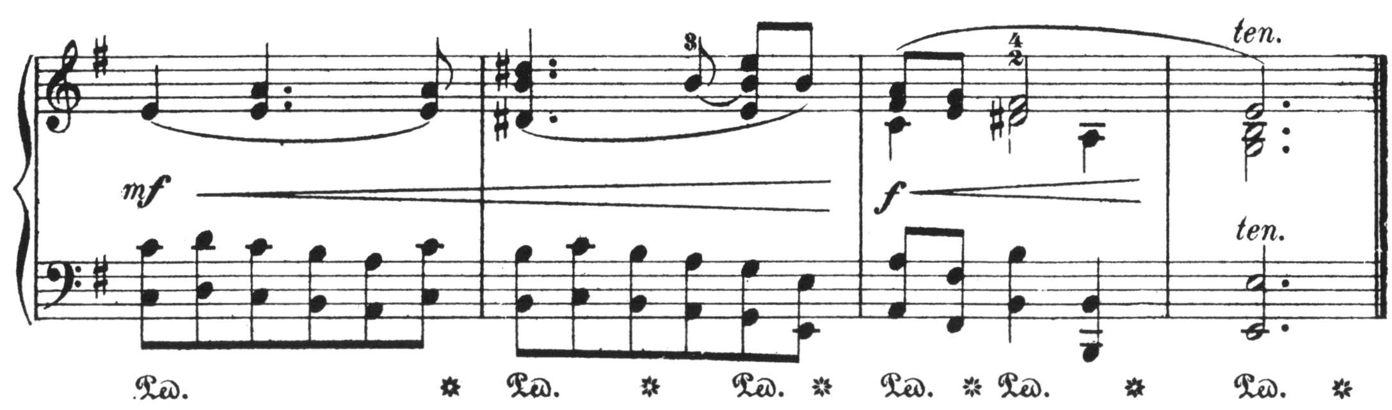

ten.
ten.
mf f
Ped. Ped. Ped. Ped. Ped. Ped.
3 4 2

Adagio.

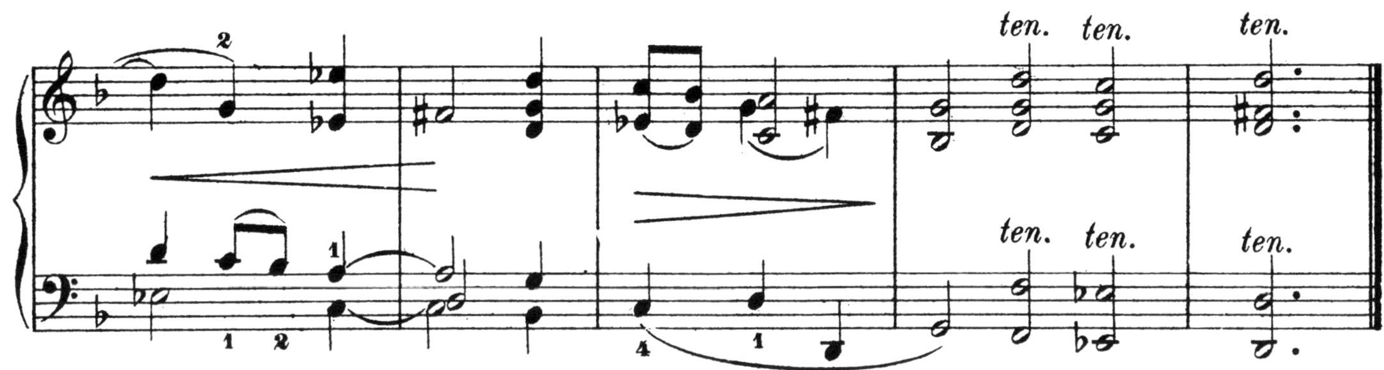

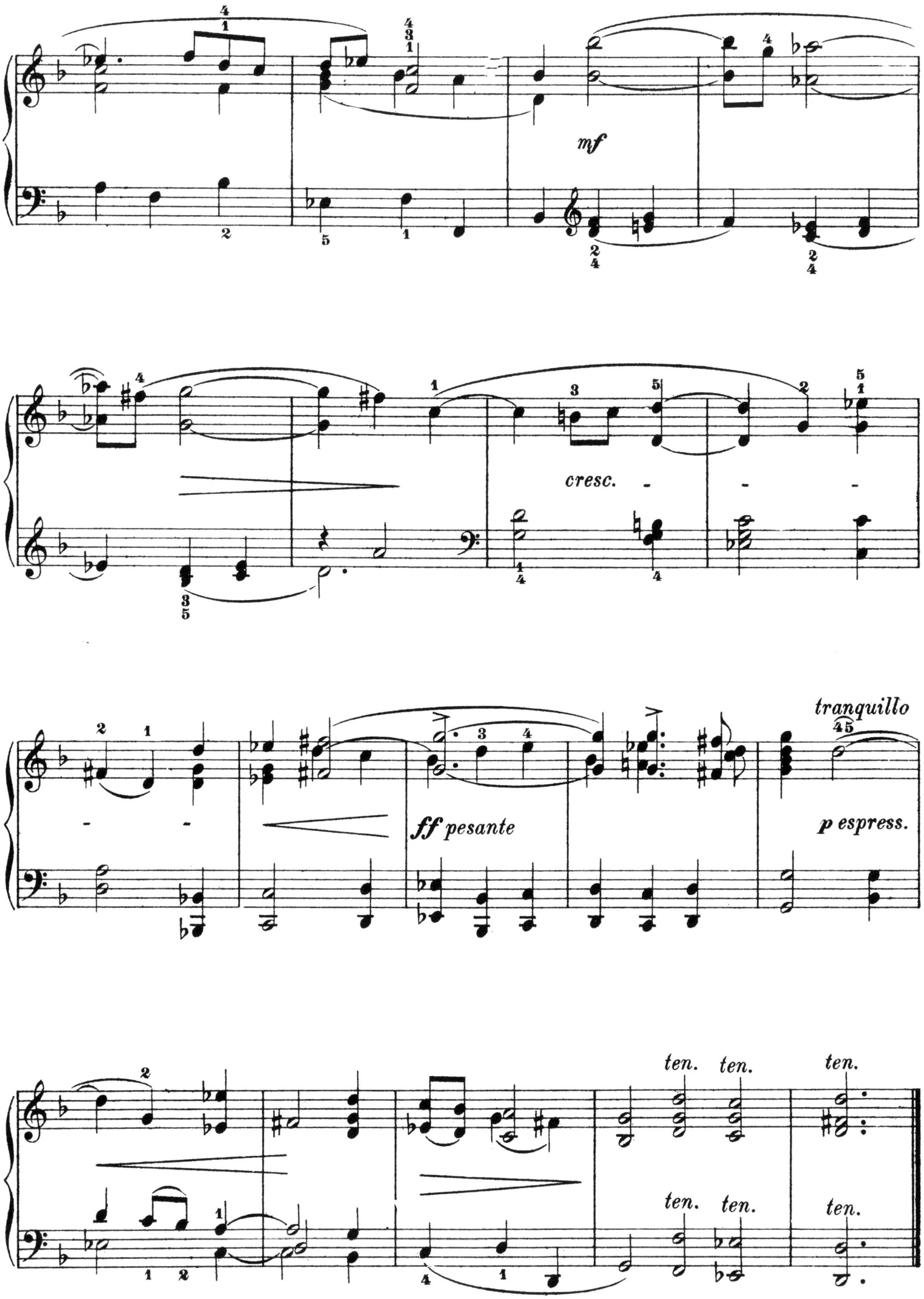
mf
cresc.
ff pesante
tranquillo
p espress.
ten. ten. ten.
ten. ten. ten.

Corrente.

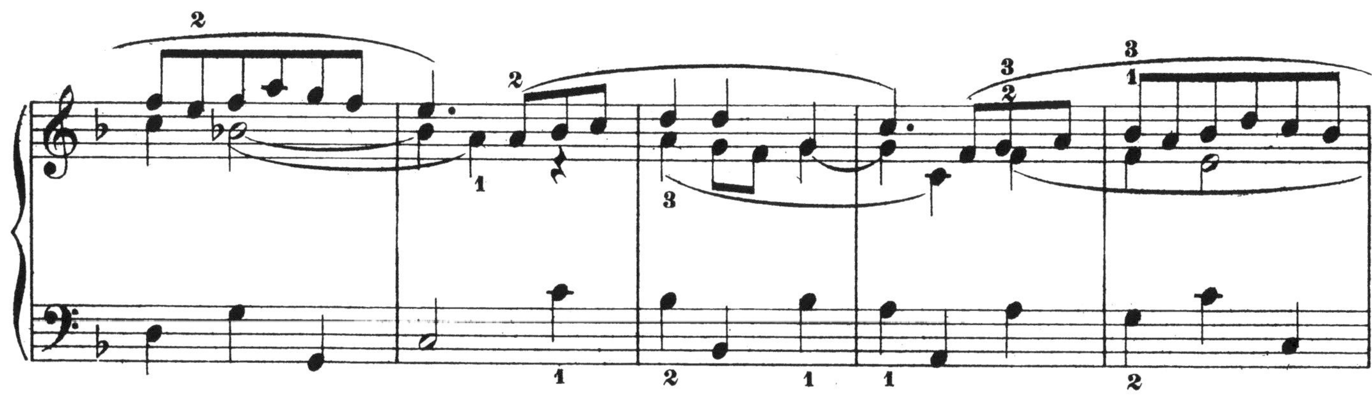

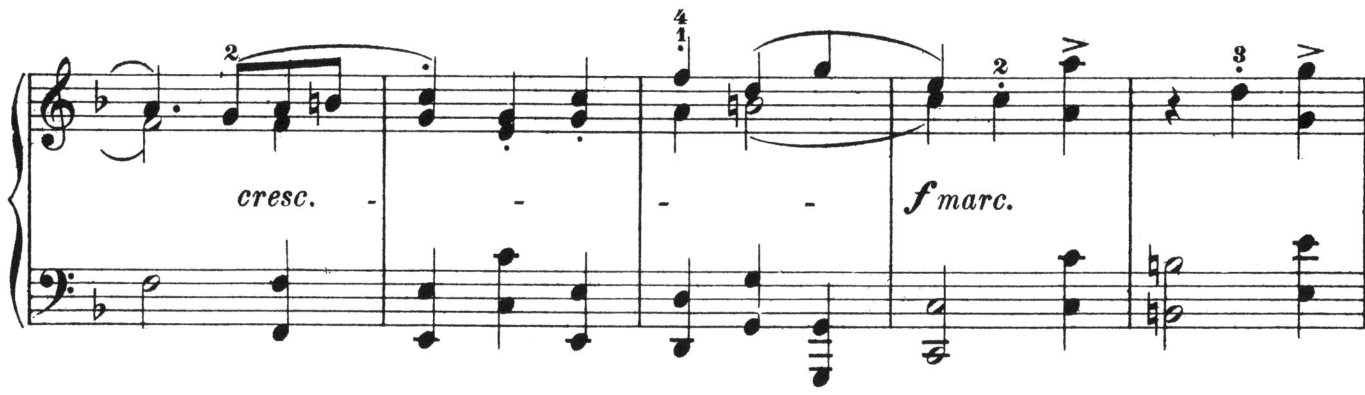
cresc.
f marc.

tr
ff

mf
p
cresc.
f
marc.
cresc. molto
ff
marc.
p
dolce

mf
p
tr
cresc.
f
marc.
cresc. molto
ff
Un poco più tranquillo
p
dolce
marc.

Präludium.

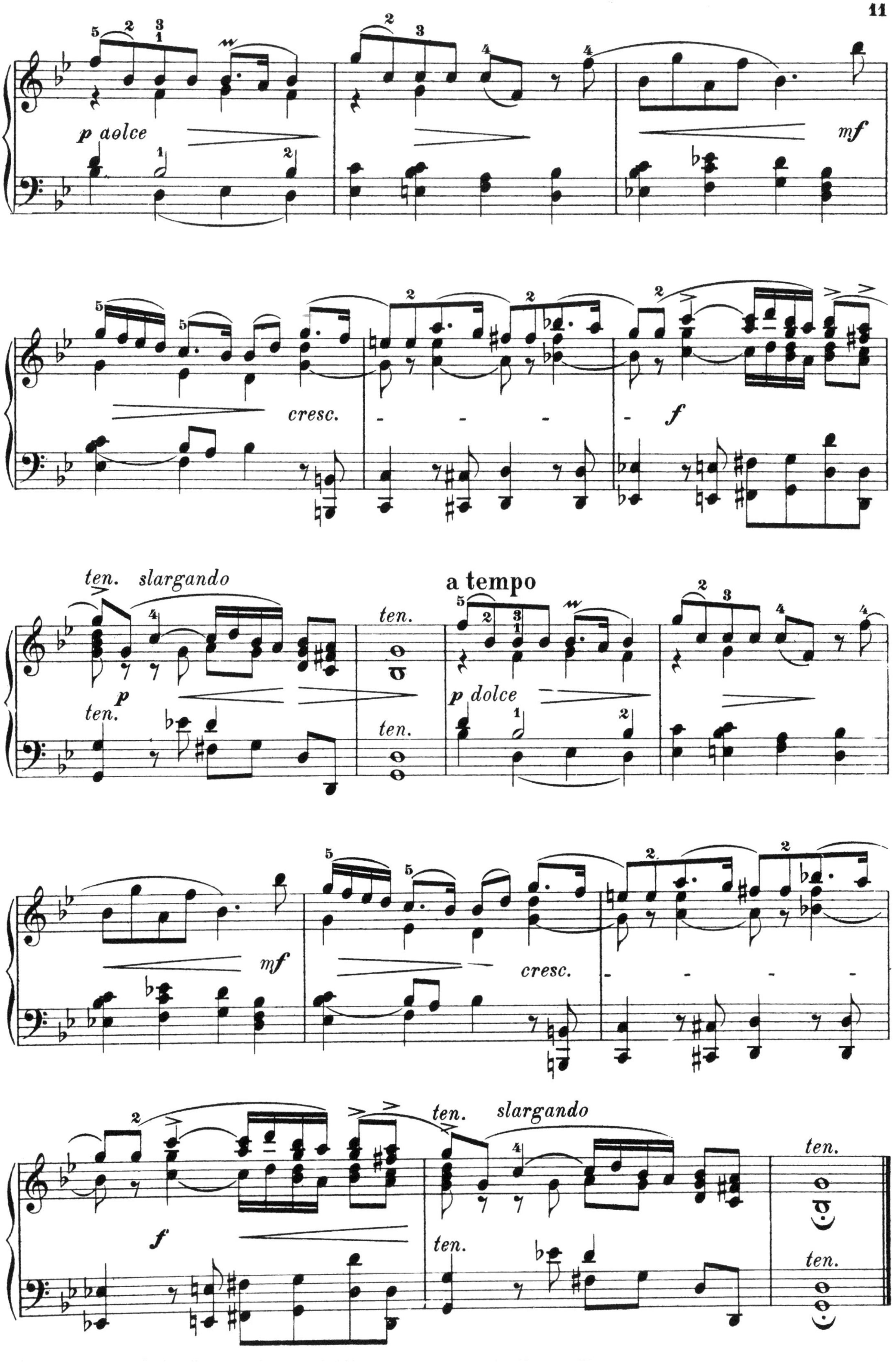
p aolce
mf
cresc.
f
ten. slargando
a tempo
ten.
p
ten.
ten.
p dolce
mf
cresc.
f
ten. slargando
ten.
ten.
ten.
ten.

Sarabande.

Sarabande.

p dolce
f
p dolce
p
ritardando f

Präludium.

Adagio.
7.
p espress.
3
5
1
2
2
f
ff
p dolce
4
3
ff
mf
5
3
3
3
3
1
poco a poco cresc.
ff grandioso
pesante
p dolce ed espress.
rit.

Adagio.

Largo.

Gavotte.

pp
p
f
f
p
dim. - - e - - rit.

Allegro.

Gigue.

Allegro moderato.
12.
p leggiero
mf
p poco a poco cresc.
f
f
Ped.   Ped.

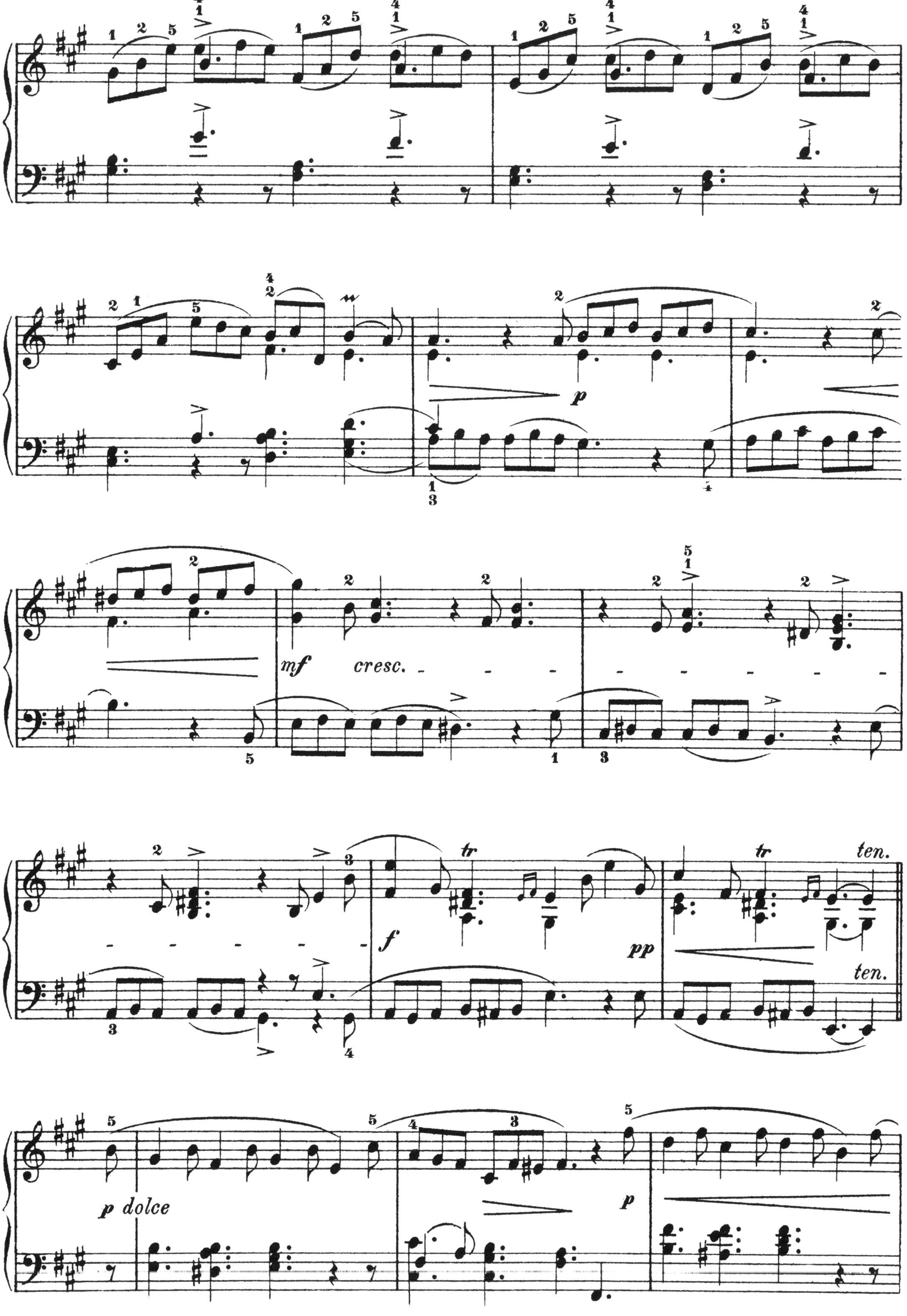
p
mf
cresc.
tr
ten.
f
pp
ten.
p dolce
p

mf
dim.
ten.
p leggiero
ten.
p poco a poco cresc.

Gavotte.

f
p
f
p
cresc.
f
p
D. C. al Fine.

Präludium.

Sarabande.

Präludium.

Menuett.

Corrente.

Allegro.

mf
cresc.
p
f
p
f
tr
p
f

Gavotte.

Allegro.
20.
p dolce
Basso marcato ma leggiero.
ten. a tempo
ff rit. mf p
dolce ff rit. ten.
a tempo ff p dolce
ten. ten. ten. ten.
ff ten. ten. ten. sf p

Gavotte.

Allegro.
21.
p
cresc.
p dolce
f
sf
a tempo
f
poco rit.
p
cresc.
p dolce
f
p
sf
f
poco rit

p
f
p
f
p
f
p
f
p
f
p
f
p
cresc.
5
ten.
ten.
f
ten.
p
cresc.
dolce
f
f
p
cresc.
f
sf
sf
rit. ff
ten.
ten.

Gavotte.

Allegro.
22.
p leggiero
cresc.
ten.
p
cresc.
sf.
p
cresc.
ff.
p
cresc.
ff.
ten.
mf
cresc.
ff.
sf
ff pesante
legato
p
cresc.
f

Gavotte.

Presto.
23.
pp molto leggiero
cresc.
dolce
ff
p dolce
p cresc.
f
p
p cresc.
f

p
f
p
f
p
f
p
f animato
p dolce
cresc.
sf
p dolce
cresc.
cresc.
f
sf rit. ff ten.
ten.

Folies d'Espagne.

Allegro moderato.
pp
cresc.
tr
p
espr.
Red.
Red.
Red.
Red.
Red.
Red.
Red.

f
Ped.   Ped.   Ped.   Ped.   Ped.
tr
ff
p leggiero

Più Presto.
mf
f
p
cresc.
f
tr

Poco meno mosso.
pp espressivo
Ped.
Adagio.
p e molto espressivo
cresc.

pp dolce
L'istesso tempo.
p
legato
cresc.
mf
cresc.

Animato.
pp
mf espr.
Maestoso.
ff